A NEW HOME FOR LEO
Новий дім для Лео

ENGLISH – UKRAINIAN

D1736583

Written by Olena Kalishuk   Illustrated by Yuliia Pozniak

WiTH PLASTiCiNE iLLUSTRATiONS

З пластиліновими ілюстраціями

LEO VISITS HIS GRANNY
Лео навідується до бабусі

In a cozy hole near a wheat field lived a mouse family: Mom, Dad, and three little mice. Leo was the oldest child and often got important tasks from his parents. This morning was no different.
"Leo, would you please bring Granny Sophie her breakfast?" his mother said.
"Of course, Mommy!" the little mouse happily agreed.

Біля пшеничного поля, у затишній норі, жила мишача родина: мама, тато і троє маленьких мишенят. Лео був найстаршою дитиною та часто отримував важливі доручення від своїх батьків. Цього ранку мама мишка попросила його:
— Лео, віднесеш, будь ласка, сніданок для бабусі Софі?
— Звичайно, матусю! — радо погодилося мишеня.

Granny Sophie lived alone and was always very happy to have visitors. And Leo loved to visit his Granny. He loved to sit in a hammock and eat popcorn while he listened to her stories.
Mom gave Leo a basket of tasty treats and he went on his way.

Бабуся Софі жила сама і завжди раділа гостям, а Лео любив навідуватися до своєї бабусі. Йому подобалося сидіти в гамаку та їсти попкорн, слухаючи її історії.
Мама дала Лео кошик зі смаколиками, і мишеня вирушило в дорогу.

Granny lived in the woods across the wheat field. Every time Leo and his family went to visit her they had to go around the field. Mommy Mouse wouldn't let her kids walk through the field because it was very dangerous. "What nonsense to go around!" Leo thought. "It's much faster to walk straight through."

Бабуся жила у лісі за пшеничним полем. Щоразу, коли Лео та його родина ходили до неї в гості, їм доводилося обходити поле. Мама мишка не дозволяла своїм дітям ходити через поле, тому що це було дуже небезпечно.
«Що за нісенітниця — обходити поле! — подумав Лео. — Набагато швидше буде піти навпростець.»

He went into the dense wheat bushes. It was a hot day and the shade from the tall spikelets protected the little mouse from the sun. Happy, Leo walked deeper and deeper into the field but stopped when he heard a strange noise.

"What is that?" Leo said out loud.

The noise got louder and louder until Leo was so scared he ran back toward his house as fast as he could.

"Help, help, help!" he shouted as he ran.

But the noise grew louder and stronger and closer.

І він зайшов у густі зарості пшениці. День був спекотний, а тінь від високих колосків захищала мишеня від сонця. Щасливий, Лео заходив усе глибше і глибше у поле. Раптом він почув дивні звуки і зупинився.

«Що це?» — вигукнув Лео.

Шум ставав все гучнішим і гучнішим, і Лео так злякався, що з усіх ніг побіг назад додому.

"Допоможіть, допоможіть, допоможіть!" – кричав він тікаючи.

Але гуркіт все гучнішав та наближався.

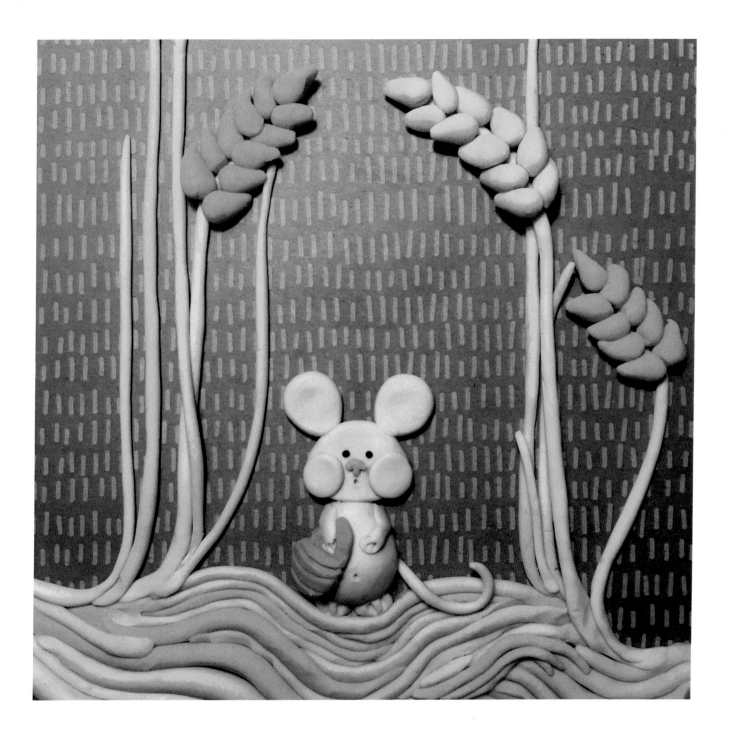

Suddenly somebody grabbed him by his back paws and pulled him down. Before Leo knew it, he was underground and Grandpa Mole was standing in front of him.

"What is that noise?" Leo asked, still scared out of his wits.

"Combine tractors," Grandpa Mole said. "People are harvesting the crops. What are you doing in the field? You're very lucky that I heard you screaming."

"Thank you for saving me, Grandpa Mole!" And Leo began to cry.

"Don't be afraid anymore. It's all right now!" said the mole and handed Leo a cup of mint tea.

Аж раптом хтось вхопив його за задні лапки і потягнув униз. Не встиг Лео і зойкнути, як опинився під землею. Перед ним стояв дідусь кріт.

— Що це за шум? — запитав Лео, все ще жахливо наляканий.

— Це комбайни, — відповів дідусь кріт. — Люди збирають врожай. А що ти робиш на полі? Тобі дуже пощастило, що я почув твої крики!

— Дякую, що врятували мене, дідусю кроте! — сказав Лео і заплакав.

— Не бійся. Вже все гаразд! — сказав кріт і простягнув Лео чашечку м'ятного чаю.

A few hours later Leo couldn't hear the noise so he cautiously looked out of the hole. Where tall wheat had been this morning, only stubbly stalks remained.

Grandpa Mole walked the mouse to the end of the field.

"Thank you very much!" said Leo and finally ran to Granny Sophie.

Granny was very happy to see Leo. She loved it when her grandchildren visited.

"Granny, you won't believe what happened to me!" Leo said and ran into her open arms for a big hug.

Через кілька годин шум стих, і Лео обережно визирнув з нори. Там, де ще вранці колосилася висока пшениця, залишилася лише гостра стерня.

Дідусь кріт провів мишеня до краю поля.

— Дуже Вам дякую! — сказав Лео та, нарешті, побіг до бабусі Софі.

Бабуся дуже зраділа, побачивши мишеня. Вона любила, коли онуки навідувалися до неї.

— Бабусю, зі мною таке трапилося, ти не повіриш! — сказав Лео та побіг прямісінько в її обійми.

A NEW HOME FOR LEO
Новий дім для Лео

The next day Leo's Mom woke up very early and went outside. The sun was rising in a rosy glow and there wasn't a cloud in the sky.
"It's going to be very hot again," Mom thought.
She basked in the grass for a while and then went back into their hole. Daddy had already cooked breakfast. The fragrant smells woke up the kids and they began to frolic. The hole was homey and filled with joy. Nestled on straw mats, the whole family enjoyed the delicious breakfast.

Наступного дня матуся Лео прокинулася дуже рано та вийшла надвір. Сонечко сходило рожевою загравою, а на небі не було ані хмаринки.
«Знову буде спекотно», — подумала мама.
Вона трохи поніжилася в траві та повернулася до нори. Татусь вже приготував сніданок. Смачні запахи розбудили дітей і вони весело заметушилися. Нірка наповнилася домашнім затишком та радістю. Вмостившись на солом'яних килимках, вся родина насолоджувалася смачним сніданком.

Suddenly smoke filled their hole and everyone ran outside. A fire raged in the wheat field and the wind was blowing the flames straight toward them! "The fire might soon reach our home!" Dad said. "Run!"

Раптом у норі запахло димом і всі вибігли надвір. На полі лютувала пожежа, а вітер гнав полум'я прямо в їхню сторону!
— Вогонь дуже скоро може дістатися нашого будиночка! — сказав тато.
— Тікаймо!

Without thinking, the mouse family ran towards the forest. Soon they reached Granny's house.
"Granny, we have to run away, there's a fire!" shouted Leo.
Granny quickly joined them. They all ran and didn't stop until they were finally safe.

Недовго думаючи, сім'я мишок побігла до лісу.
Незабаром вони дісталися бабусиного будинку.
— Бабусю, треба тікати, там пожежа! — закричав Лео.
Бабуся швидко приєдналася до них. Вони бігли і не зупинялися, доки нарешті не опинилися в безпеці.

"What happens to our home now?" the youngest mouse cried.
"Don't cry, little one! We'll find a new one. The main thing is that we are all safe," Mom said and she gave everyone a hug.
Tired, they wandered in silence through the forest looking for a new home.

— Що буде тепер із нашою хаткою? — заплакало наймолодше мишеня.
— Не плач, малюку! Ми знайдемо новий дім. Головне, що ми всі цілі та неушкоджені, — сказала мама та обійняла всіх своїх діточок.
Втомлені, вони мовчки брели лісом у пошуках нового дому.

"How about this hole?" asked Leo, peering through an opening under a raspberry bush.

"Hello!" Leo said into the hole.

A snake peeked out and flicked his tongue.

The mouse family ran away as fast as they could.

"This hole is already occupied, Leo!" Dad shouted on his way.

— Як щодо цієї нори? — запитав Лео, зазираючи в отвір під малиновим кущем.

— Привіт! — гукнув Лео в нору.

Звідти визирнула змія та цокнула язиком.

Мишача родина кинулася навтьоки.

— Ця нора вже зайнята, Лео! — гукнув тато на ходу.

That night they reached the edge of the woods. In the rays of the setting sun they saw a beautiful abandoned garden. The branches of old plants intertwined with each other and a fallen tree lay at the back of the garden. Mommy Mouse headed toward it.

"Look," she said. "An entrance."

She disappeared in the trunk of the tree. A few minutes later she was back and shouted joyfully, "Come on in!"

Надвечір мишенята дісталися краю лісу. У променях вечірнього сонця вони побачили гарний покинутий сад. Гілки старих рослин перепліталися між собою, а в глибині саду лежало повалене дерево. Мама мишка попрямувала до нього.

— Дивіться, — сказала вона, — вхід.

І вона зникла у стовбурі дерева, а за кілька хвилин повернулася і радісно крикнула:

— Заходьте!

Leo followed his mother. There were many branches in the dry roots of the tree.
"Look how many rooms there are!" he shouted.
Granny found one she liked. "Oh, what a cozy bedroom!" she said and immediately laid down and fell asleep.
The children explored their new home and when Dad made their beds, the tired mice all fell into a sweet sleep.

Лео пішов за мамою. У сухих коренях дерева було багато відгалужень.
— Дивіться, як багато тут кімнат! — вигукнув він.
Бабуся знайшла ту, яка їй сподобалася. «Ах, яка затишна спальня!» — сказала вона та одразу ж лягла й заснула.
Діти досліджували свій новий дім, а коли тато постелив Їм ліжечка, втомлені мишенята солодко заснули.

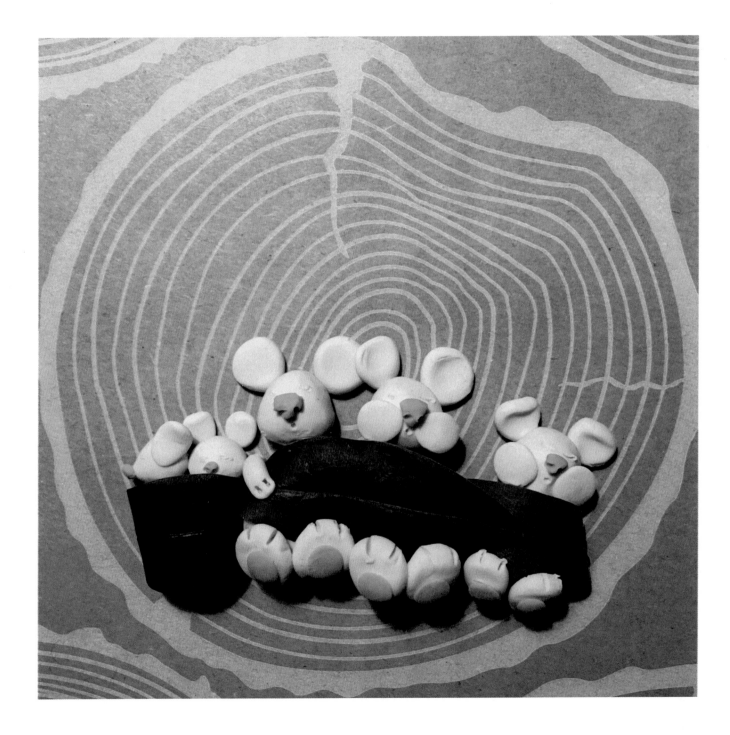

A NEW FRIEND
Нова подруга

Morning came and the mice ran outside. The garden was welcoming and very beautiful. The sun peeked through the branches of the trees and lit up the meadow in front of their new home.
"We need to furnish our new home and get some food," said Mom.

Настав ранок, і мишки вибігли надвір. Сад виявився привітним та дуже гарним. Сонечко проглядало крізь гілки дерев і освітлювало галявину перед їхнім новим домом.
— Ну що, нам треба облаштувати наше нове житло та добути трохи їжі, — сказала мама.

While the youngest mice were playing in the meadow Leo collected dry grass and Mom lined the rooms with it.
"There's a lot of food here," said Dad, handing out a leaf plate full of seeds and nuts.
The mouse family sat down to breakfast.

Поки молодші мишенята грали на галявині, Лео збирав суху траву, а мама вистилала нею кімнати.
— Тут багато їжі, — сказав тато, простягаючи листок-тарілочку, повну насіння та горіхів.
Мишача родина сіла снідати.

The sounds of hearty eating caught the attention of Froggy, who lived nearby. She watched her new neighbors with curiosity.
"It's time to get acquainted," thought Froggy.
She got the tastiest treats from her supply and hopped over to the mouse family.
"Good qua-morning!"

Апетитне плямкання привернуло увагу жабки, що жила неподалік. Вона зацікавлено роздивлялася своїх нових сусідів. «Час познайомитися», — подумала жабка. Вона дістала найсмачніші частування зі своїх запасів і пострибала до мишачої родини.
— Доброго ква-ранку!

The mice stopped chewing and opened their mouths in surprise.
"Good morning! Won't you join us for breakfast?" Mom said.
"Thank you. It will be my pleasure! And this is for you!" Froggy said and proudly put fat dried flies on the plate.

More and more animals came to the meadow to meet the newcomers. Gopher brought green peas, Squirrel brought nuts, and the Sparrows brought sunflower seeds. The mice invited everyone to the table and told their story over and over again.

Мишенята припинили жувати і повідкривали ротики від здивування.
— Доброго ранку! Приєднуйтесь до нас поснідати! — сказала мама.
— Дякую! Із задоволенням! А це вам! — сказала жабка і з гордістю виклала на тарілочку жирних сушених мух.

Дедалі більше звірят приходило на галявину познайомитися з новими сусідами. Ховрашок приніс зелений горошок, білочка – горішки, а горобці – насіння соняшника. Мишки запрошували всіх до столу та знову і знову розповідали свою історію.

The next day the whole family worked to turn the new place into a cozy home. Mom and Dad made shelves in the pantry, Granny walked around the garden and looked for leaves for blankets and in the afternoon, Woodpecker flew in and helped make the windows in the house.

Наступного дня вся родина працювала над тим, щоб перетворити нове місце на затишну оселю. Мама і тато майстрували полиці в коморі, бабуся гуляла садом і підшукувала листочки на ковдри, а пообіді прилетів дятел і допоміг зробити віконця в будиночку.

Leo tidied up his new room and went out to look around the garden. Lots of fruit hung from the big old trees. The meadows were covered with strawberries, and the garden was scented with flowers and herbs. Flying insects filled the air with buzzing and chirping. Just then the little mouse stepped on something fluffy.
"Oh, what a soft rug!" he said.
Leo stroked the tufts with his paws, imagining how snuggly the rug would fit in his room.
"It tickles," squealed the rug, shaking Leo off.
Leo jumped back, scared out of his wits.

Лео прибрав у своїй новій кімнаті та пішов роздивлятися сад.
На великих старих деревах висіло багато фруктів. Галявини були вкриті суницями, а сад був сповнений пахощами квітів і трав. Літали комахи, наповнюючи повітря гудінням та стрекотінням. І тут мишеня наступило на щось пухнасте.
— Ой, який м'який килимок! — сказало воно.
Лео погладжував лапками ворсинки, уявляючи, як килим прикрашатиме його кімнату.
— Лоскотно, — зойкнув "килимок", струшуючи Лео.
Страшенно злякавшись, Лео відскочив назад.

A large, fluffy caterpillar with yellow and purple stripes crawled out from where Leo had been standing. It stared at him with big round eyes.
"I'm not a rug, you silly mouse. I'm Lily, and I live in this apple tree. What's your name?"
Leo was embarrassed, but he managed to tell the caterpillar his name.
That's how he found a friend.

Чимала пухнаста гусінь в жовто-фіолетову смужку виповзла з того місця, де щойно стояв Лео. Вона витріщилася в нього великими круглими очима.
— Я не килим, дурненьке мишеня. Я Лілі, і я живу на цій яблуні. А як тебе звати?
Лео було ніяково, але він спромігся сказати гусіні своє ім'я.
Так Лео знайшов подругу.

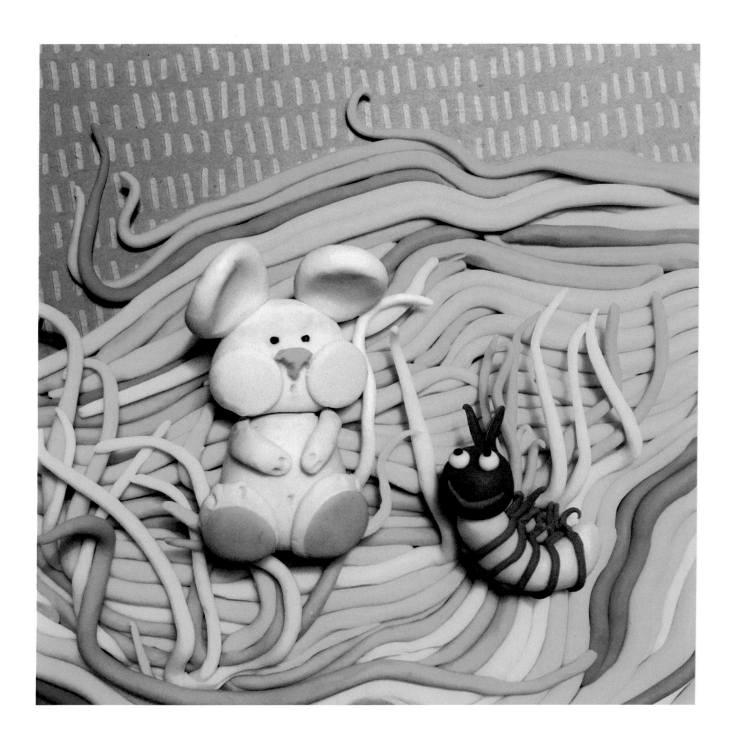

The mouse and the caterpillar spent a lot of time together. Leo often joked around and called her "Rug." She seemed to like that, but she got back at him when they played their favorite game. She won most of the time.
To play, they climbed a hill and raced back down to see who could get to the bottom first. Lily curled up into a ball at the top and rolled down lickety-split. Leo was clumsy because he had paws and a tail to worry about, so he didn't make such a neat, round ball. But every time they got to the foot of the hill they laid in the grass and laughed together. It was such fun!

Мишеня та гусінь проводили багато часу разом. Лео часто жартома називав гусеничку «Килимком». Їй це ніби й подобалося, але вона відігравалася, коли вони грали в їхню улюблену гру. Найчастіше вигравала вона. Вони підіймалися на пагорб і мчали вниз, щоб перевірити, хто першим дістанеться до підніжжя. Лілі згорталася в клубочок і шкереберть скачувалася вниз. Лео був незграбним, тому що йому потрібно було подбати про свої лапи і хвіст, і в нього не виходила така чепурна кругла кулька. Але щоразу, коли вони добиралися до підніжжя пагорба, вони валялися в траві і сміялися.
Це було так весело!

But one autumn day Leo's friend disappeared. He ran to the old apple tree every day and looked for Lily the caterpillar, but he could never find her. The little mouse was very sad. He thought "Rug" had been taken by a bird of prey.

Але одного осіннього дня подруга Лео зникла. Він щодня прибігав до старої яблуні і шукав гусеничку Лілі, але її ніде не було. Маленьке мишеня було дуже засмучене. Воно думало, що якась хижа пташка забрала «Килимок».

WHERE iS LiLY?
Де ж Лілі?

"What a beautiful morning," thought Lily, stretching in her bed of fluffy apple leaves. She took a bite of her blanket and crawled out into the sunshine to find breakfast. She didn't know she would soon disappear from her home in the apple tree.

«Який чудовий ранок», — подумала Лілі, потягуючись у ліжку з пухнастого листя яблуні. Вона відкусила шматочок своєї ковдри та виповзла на сонечко поснідати.
Вона ще не знала, що скоро зникне зі свого дому на яблуні.

Just as Lily took a big bite out of a juicy apple, the tree shook so hard she almost tumbled onto the ground below. Then the tree shook again. The little caterpillar clutched her breakfast tightly and fell down through the branches onto the soft grass below. A big paw picked up the apple Lily was holding and put it in a basket.

Щойно Лілі відкусила великий шматок соковитого яблука, як дерево затряслося так сильно, що вона мало не впала на землю. Потім дерево затряслося знову. Маленька гусінь міцно вчепилася у свій сніданок і крізь гілки покотилася вниз у м'яку траву. Велика лапа підібрала яблуко, за яке трималася Лілі, і поклала його в кошик.

"Hey, put me back where I belong, please!" shouted the indignant caterpillar.
"Hello! Put me back in my tree!" Lily screamed at the top of her lungs, but no one heard.
She kept calling for help and tried to crawl out, but the big paw kept adding more apples to the basket. Soon it was so dark in there that Lily fell asleep.

— Агов, поверніть мене на місце, будь ласка! — закричала обурена гусінь.
— Добрий день! Поверніть мене на моє дерево! — Лілі кричала що є духу, але її ніхто не чув.
Вона продовжувала кликати на допомогу і спробувала виповзти, але велика лапа все докладала нові яблука в кошик. Незабаром там стало темно, і Лілі заснула.

Not far away, down by the river, lived a family of rabbits in a rabbit hole: a father, a mother, and five little bunnies. They often visited the garden to eat crunchy fruits and roots. This morning, one of the bunnies harvested apples and put each one he picked into a big basket. He brought the basket home and put it in the pantry. Little did the bunny know that Lily was on one of those apples!

Неподалік, біля струмка, у норі жило сімейство кроликів: тато, мама та п'ятеро кроленят. Вони часто навідувалися до саду, щоб поласувати хрумкими фруктами та корінцями.
Цього ранку одне з кроленят збирало яблука і складало їх у великий кошик. Воно принесло кошик додому і поставило його в комору. Кроленя навіть і не здогадувалося, що на одному з цих яблук сиділа Лілі!

The caterpillar slept for a long time. When she woke up, she felt very light. "It must be because I haven't eaten anything in a long time," thought Lily, and... off she flew to find something to eat.
Just then one of the bunnies opened the pantry door to get some carrots and Lily flew out.

Спала гусеничка довго. А коли вона прокинулася, то відчула себе дуже легкою. «Напевно, це тому, що я давно не їла», — подумала Лілі і... полетіла на пошуки їжі.
Саме в цей момент один із кроликів відчинив двері комори, щоб взяти моркву, і Лілі вилетіла надвір.

"Look, what a beautiful butterfly!" exclaimed the youngest bunny, pointing his paw at Lily.
She circled around over the bunny hole many times. The world from above looked fabulous!
"Home, to the garden!" Lily said joyfully.

— Подивіться, який гарний метелик! — вигукнуло наймолодше кроленя, показуючи лапкою на Лілі.
Вона літала колами над кролячою норою. Світ зверху виглядав казковим!
«Додому, до саду!» — сказала Лілі весело.

Leo was sitting in the meadow enthusiastically building a house out of dried twigs. His little brother and sister were running around and almost tore down the construction. "I need a fence!" thought Leo.
Suddenly something touched his head.
"It tickles! Will you stop that? You almost broke my house!" the little mouse was angry.

Лео сидів на галявині і захоплено будував будиночок із сухих гілочок. Його молодші брат і сестра бігали навколо і мало не зруйнували споруду. «Мені потрібен паркан!» — подумав Лео.
Раптом щось торкнулося його голови.
— Лоскотно! Ну, припиніть вже! І так мені ледь хатинку не розламали! — обурилося мишеня.

"Oh, what a soft rug!" said the one who had sat so impudently on his head.
The little mouse recognized the voice of his long-lost friend.
"Lily!" he shouted with happiness.
And when she started flying around him Leo couldn't believe his eyes. She was no longer a soft little rug that crawled around. She could fly! And she was prettier than any butterfly he had ever seen.
"Welcome back, Lily!"

— Ой, який м'який килимок! — сказав той, хто так нахабно вмостився йому на голову.
Мишеня впізнало голос своєї давно зниклої приятельки.
— Лілі! — радісно закричало мишеня.
А коли вона почала літати довкола нього, Лео не міг повірити своїм очам. Вона більше не була маленьким м'яким килимком, що плазував по землі. Вона могла літати! І вона була гарніша за всіх метеликів, яких він коли-небудь бачив.
— З поверненням, Лілі!

CRAFT YOUR PLASTICINE ANIMALS
Створи своїх пластилінових звірят

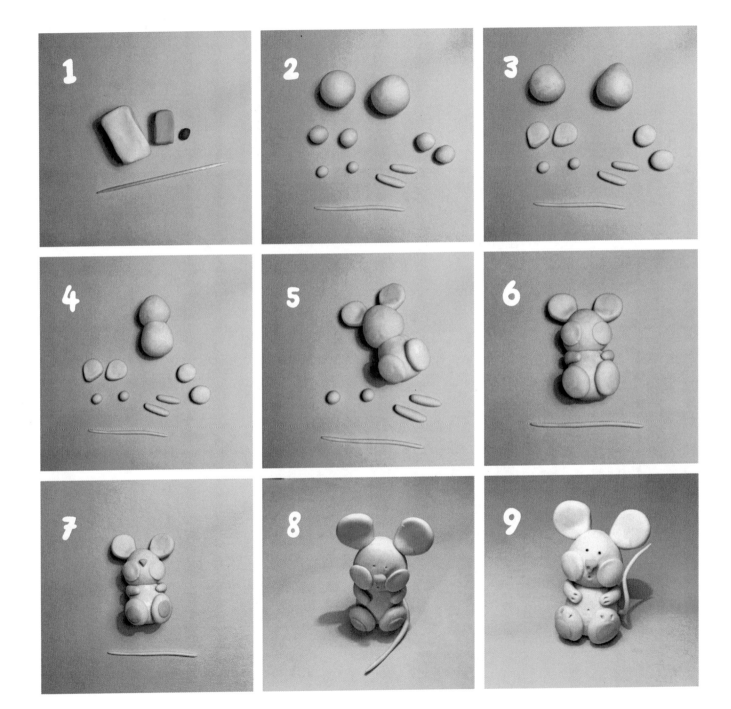

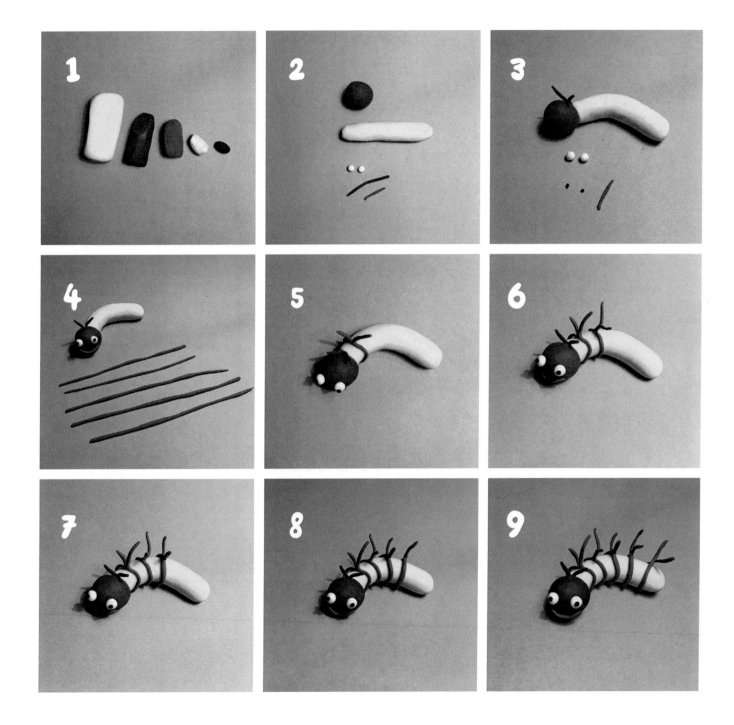

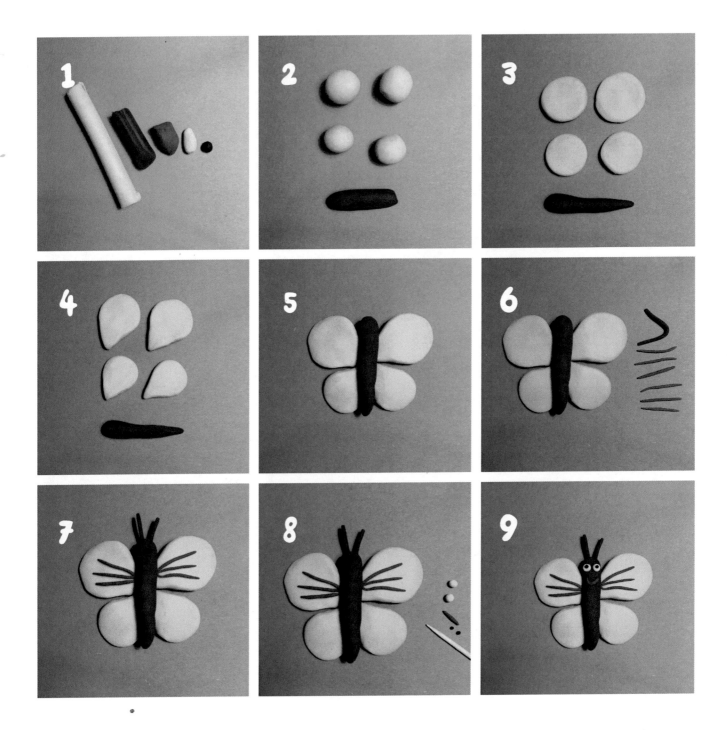

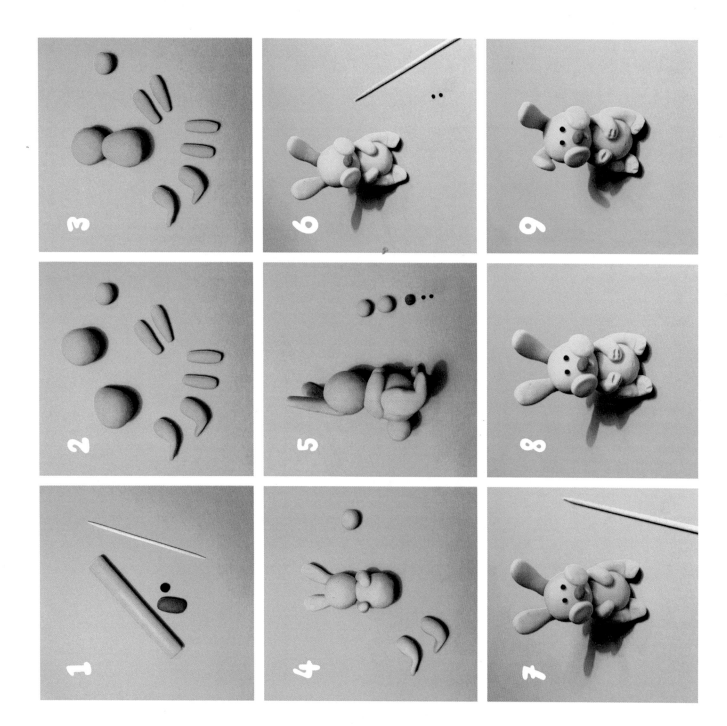

**CREATED WITH LOVE BY MOTHER, OLENA KALISHUK,
AND HER DAUGHTER, YULIIA POZNIAK**

Створено з любов'ю мамою, Оленою Калішук,
та її донькою, Юлією Позняк

Made in the USA
Las Vegas, NV
02 October 2022